El libro del pan

Multiplicar y dividir

Tony Hyland

Créditos de publicación

Editora
Sara Johnson

Directora editorial
Emily R. Smith, M.A.Ed.

Editora en jefe
Sharon Coan, M.S.Ed.

Directora creativa
Lee Aucoin

Editora comercial
Rachelle Cracchiolo, M.S.Ed.

Créditos de imagen

El autor y los editores desean agradecer y reconocer a quienes otorgaron su permiso para la reproducción de materiales protegidos por derechos de autor: portada, Shutterstock; pág. 4 The Photo Library/Alamy; pág. 5 Photo Edit; pág. 6 Photos.com/Jupiter Images; pág. 7 (izquierda) Shutterstock; pág. 7 (derecha) Shutterstock; pág. 8 Corbis; pág. 9 Shutterstock; pág. 10 Shutterstock; pág. 12 Bigstock Photos; pág. 13 Shutterstock; pág. 14 Bigstock Photos; pág. 15 Shutterstock; pág. 16 The Photo Library/ Alamy; pág. 17 Alice McBroom Photography; pág. 18 (arriba a la izquierda) 123rf; pág. 18 (centro) The Photo Library/Alamy; pág. 18 (centro a la derecha) Shutterstock; pág. 18 (abajo a la izquierda) Shutterstock; pág. 18 (derecha) Shutterstock; pág. 18 (abajo a la derecha) Shutterstock; pág. 19 The Photo Library/Alamy; pág. 20 Shutterstock; pág. 21 Shutterstock; pág. 24 (todas) Shutterstock; pág. 25 Shutterstock; pág. 26 (izquierda) Shutterstock; pág. 26 (centro) Alamy; pág. 26 (derecha) The Photo Library/Science Photo Library; pág. 28 123rf; pág. 29 123rf.

Si bien se ha hecho todo lo posible para buscar la fuente y reconocer el material protegido por derechos de autor, los editores ofrecen disculpas por cualquier incumplimiento accidental en los casos en que el derecho de autor haya sido imposible de encontrar. Estarán complacidos de llegar a un acuerdo adecuado con el legítimo propietario en cada caso.

Teacher Created Materials

5301 Oceanus Drive
Huntington Beach, CA 92649-1030
http://www.tcmpub.com
ISBN 978-1-4938-2925-5
© 2016 Teacher Created Materials, Inc.

Contenido

El pan

El pan es uno de los alimentos más importantes y útiles del mundo. La mayoría de las personas come algún tipo de pan todos los días.

En la actualidad, se puede comprar pan en tiendas o en pequeñas **panaderías**. Algunas personas incluso hornean el pan en casa.

El pan en Australia

¡Cada australiano consume un promedio de 97 libras (44 kg) de pan por año!

Una rebanada de pan

El gobierno de Estados Unidos ayuda a su pueblo a tomar decisiones saludables respecto a la alimentación. Establece que las personas deben consumir al menos 3 onzas (85 g) de alimentos **integrales** por día.

Una rebanada de pan integral pesa 1 onza (28 g). Entonces, si comes 3 rebanadas de pan integral, alcanzarás las 3 onzas que necesitas por día.

EXPLOREMOS LAS MATEMÁTICAS

Un sándwich contiene 2 rebanadas de pan. Usa la **multiplicación** para calcular cuántas rebanadas de pan:

a. hay en 18 sándwiches.

b. hay en 240 sándwiches.

Ahora, usa la **división** para calcular cuántos sándwiches se hacen con:

c. 96 rebanadas de pan.

d. 158 rebanadas de pan.

Diferentes figuras y tamaños

El pan se hace en diferentes formas y tamaños. Observa una hogaza de pan. ¿A qué figura se parece? Probablemente tenga la forma de un **prisma** rectangular. Esta forma es excelente para hacer sándwiches.

prisma rectangular

Esta hogaza integral tiene alrededor de 16 rebanadas.

Esta hogaza tiene nueces y semillas. Es saludable y sabrosa.

Estos bollos de pan tienen forma de **esferas**. Los bollos de pan son como hogazas de pan muy pequeñas.

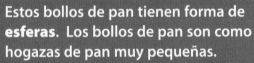

EXPLOREMOS LAS MATEMÁTICAS

Una hogaza de pan integral tiene 16 rebanadas.

a. Si una familia tiene 3 hogazas de pan y se come 8 rebanadas, ¿cuántas rebanadas quedan?

b. Si una panadería tiene 14 hogazas de pan, ¿cuántas rebanadas de pan tiene?

¿Qué contiene el pan?

La harina es uno de los principales **ingredientes** del pan. Agrega agua, **levadura** y un poco de sal a la harina. ¡Acabas de hacer una hogaza de pan sencilla!

La harina integral está hecha de trigo molido. Hace mucho tiempo, se usaban piedras para **moler** el trigo hasta convertirlo en harina. Hoy, el trigo se envía a los **molinos**, donde se convierte en harina.

Un trabajador en un molino harinero

Maravilloso trigo

El trigo es un cereal. La parte superior del trigo tiene semillas llamadas granos. Los granos se envían a los molinos harineros. La molienda convierte los granos en harina.

¿Sabías que...?

El trigo se puede medir en **fanegas**. Una fanega de trigo:

- contiene aproximadamente 1 millón de granos
- pesa aproximadamente 60 libras (27 kg)
- rinde 42 hogazas de pan blanco
- rinde 90 hogazas de pan integral

EXPLOREMOS LAS MATEMÁTICAS

El molino Harina Fresca suministra harina a 35 panaderías.

a. Los lunes, cada panadería necesita 12 costales de harina. ¿Cuántos costales debe suministrar el molino Harina Fresca en total?

b. Los martes, cada panadería necesita 22 costales de harina. ¿Cuántos costales debe suministrar el molino Harina Fresca en total?

El agricultor de trigo

Los agricultores cultivan trigo. El trigo se **cosecha**. Luego, se envía a un molino harinero. Los granos de trigo se muelen y se convierten en harina. Las panaderías compran la harina para hacer hogazas de pan. Muchas de esas hogazas se venden a las tiendas de comestibles.

Se cosecha trigo en una granja.

Supongamos que una hogaza de 1 libra (0.5 kg) cuesta aproximadamente $1.00. El agricultor que cultiva trigo obtiene unos 5 centavos de ese $1.00. El gráfico a continuación muestra a dónde va el resto del dinero.

EXPLOREMOS LAS MATEMÁTICAS

El gráfico de barras muestra que un agricultor obtiene $0.05 de 1 hogaza de pan. ¿Cuánto obtendrá el agricultor de:

a. 12 hogazas de pan?   **c.** 45 hogazas de pan?

b. 20 hogazas de pan?   **d.** 36 hogazas de pan?

Distribución del dinero obtenido de una hogaza de pan

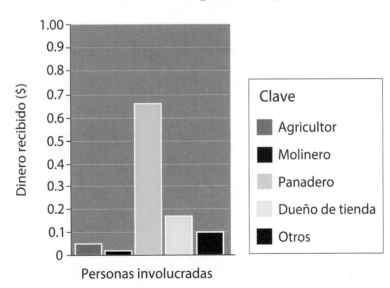

La harina en detalle

¿En qué se diferencian el pan integral y el pan blanco? En la harina.

Pan integral

El pan integral se hace con harina integral. La harina integral está hecha en un 100 % de granos integrales.

granos integrales

Pan blanco

El pan blanco también se hace con harina de trigo. Pero la harina que se usa para hacer este pan no proviene de todo el grano integral. Partes del grano se extrajeron en el molino mientras se hacía la harina. La harina blanca emplea cerca de ¾ del grano integral.

La fibra del pan

Algunos tipos de pan son más saludables que otros. Los panes integrales tienen más **fibra** que los panes blancos. Observa las distintas partes del trigo. La parte del salvado tiene un alto contenido de fibra. Este salvado forma parte de la harina integral.

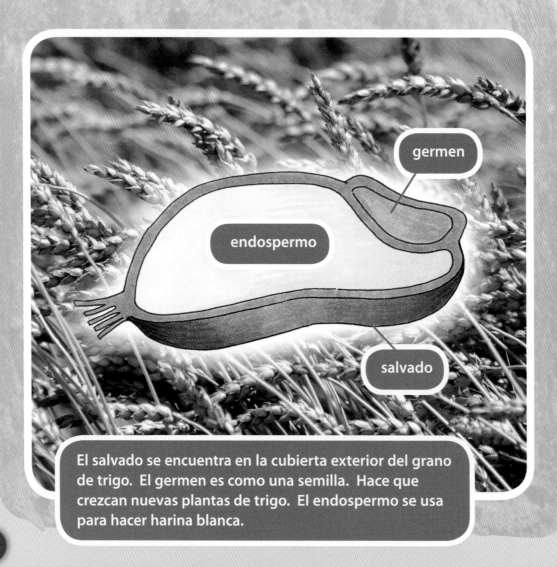

germen

endospermo

salvado

El salvado se encuentra en la cubierta exterior del grano de trigo. El germen es como una semilla. Hace que crezcan nuevas plantas de trigo. El endospermo se usa para hacer harina blanca.

En la harina blanca, no hay salvado. Se extrae de los granos de trigo en el molino. El pan integral tiene 4 veces más fibra que el pan blanco. Una rebanada de pan integral tiene ½ de una onza (14 g) de fibra.

Cómo leer correctamente una receta

Un panadero necesita una **receta** para hacer pan. Una receta es la lista de los ingredientes necesarios para hacer algo. La receta también te indica *cómo* hacer algo.

Pero las recetas no son solo para leerlas.

Un panadero prepara la masa antes de hornearla.

EXPLOREMOS LAS MATEMÁTICAS

Kim, el panadero, necesita calcular mitades y cuartos de algunos de sus ingredientes. Primero, necesita calcular ½ de 16 tazas de harina.

a. ¿Cuál de las expresiones a continuación corresponde a ½ de 16?

$\frac{1}{2} \div 16$ 2×16 $\frac{1}{2} \times 16$

b. ¿Cuánta harina necesita usar?

Luego, Kim necesita ¼ de 24 tazas de agua.

c. ¿Cuál de las expresiones a continuación corresponde a ¼ de 24?

$\frac{1}{4} \div 24$ $\frac{1}{4} \times 24$ 4×24

d. ¿Cuánta agua necesita usar?

Los panaderos deben usar las matemáticas para que el pan quede bien. Las recetas dan las **medidas** de los ingredientes. Por ejemplo, una receta de pan puede indicarle al panadero que use 5 tazas y ½ de harina.

La medida "5 tazas y ½ de harina" es un número mixto. Un número mixto es un número entero y una **fracción**. Significa que para esa receta de pan se necesitan 5 tazas de harina más ½ taza.

Si el panadero no pudiera leer las fracciones de una receta, es probable que el pan no fuera tan sabroso.

Cómo hornear pan

A continuación, te mostramos una receta sencilla que usan los panaderos. Piensa en los cálculos necesarios para hacer estas hogazas de pan.

Pan sencillo

Rinde 2 hogazas

Ingredientes

- 5 tazas y ½ de harina para pan
- 1 cucharada de sal
- 2 cucharadas y ½ de levadura de leudado rápido
- 16 onzas de agua caliente
- 1 cucharada de aceite de oliva
- 2 cucharadas de miel

Preparación

1. Poner todos los ingredientes secos en un tazón para batidora eléctrica.
2. Verter el agua caliente en el tazón.
3. Agregar el aceite y la miel. Mezclar bien.
4. Dejar reposar la masa durante 10 minutos.
5. Volver a mezclar a mayor velocidad durante 3 minutos.

6. Colocar la masa sobre una mesa o placa enharinada.
7. **Amasar** la masa 3 o 4 veces.
8. Volver a poner la masa en la batidora y cubrir con un paño. Dejar en un lugar tibio durante 1 hora.
9. Una hora después, volver a amasar 3 o 4 veces.

EXPLOREMOS LAS MATEMÁTICAS

Esta receta rinde 2 hogazas de pan. Dupliquemos la receta para hacer 4 hogazas de pan. Duplicar significa multiplicar la cantidad por 2.

a. Duplica cada uno de los ingredientes (página 18).

b. Si cortas cada hogaza de pan en 14 rebanadas, ¿cuántas rebanadas de pan obtendrás de las 4 hogazas?

10. Dividir la masa en 2 hogazas y colocarla en 2 moldes.
11. Cubrir ambas hogazas con un paño. Dejarlas en un lugar cálido para que leuden durante 45 minutos.
12. Precalentar el horno a 375 °F (190 °C) y hornear durante 30 a 35 minutos.
13. Retirar el pan de los moldes. Dejar enfriar durante 30 minutos, cortarlas y ¡a disfrutar!

La docena del panadero

A menudo, las hogazas de pan se compran por docena. Normalmente, 12 unidades conforman una docena. Alrededor del siglo XIII, los panaderos comenzaron a agregar una hogaza adicional a cada docena. No querían ser acusados de engañar a los clientes. Por eso, las 13 unidades se conocieron como una docena de panadero.

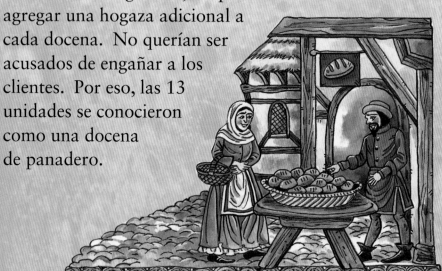

¡Come tu plato!

El trinchero era un tipo de pan común en la **Edad Media**. Era un trozo de pan chato y grueso. Se usaba como plato. Las personas comían la carne y las verduras en el trinchero. Y luego, se comían también el trinchero. En la actualidad, el trinchero es un plato de madera plana que se usa para servir comida.

Hornear una docena de panadero

Actualmente, algunos panaderos siguen horneando el pan al estilo "docena de panadero". La mayoría de las placas para horneado tienen forma rectangular. Los panaderos deben encontrar la mejor manera de hornear 13 hogazas o bollos en 1 placa.

Observa esta placa para hornear. Tiene 13 bollos. Hagamos cálculos:

3 + 2 + 3 + 2 + 3 = 13

Esta es otra manera de ubicar 13 bollos en una placa:

4 + 5 + 4 = 13

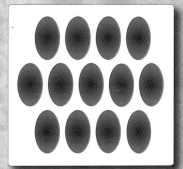

EXPLOREMOS LAS MATEMÁTICAS

La docena de panadero suma 13. ¿Cuáles dos expresiones a continuación suman 13? *Pista:* Recuerda resolver primero la parte entre paréntesis.

a. $(3 \times 2) + 3$

c. $(2 \times 5) + 3$

b. $(4 \times 3) + 1$

d. $(4 \times 5) + 4$

El pan en el mundo

Existen cientos de tipos diferentes de pan. Ninguna panadería puede hacerlos todos. La mayoría de los panaderos elige alrededor de una docena de estilos de pan. Hornean el pan que saben que la gente comprará. Ningún panadero quiere desechar el pan que nadie compra al final del día.

Tortilla mexicana

Baguette francesa

Naan de la India

Pan de maíz de Estados Unidos

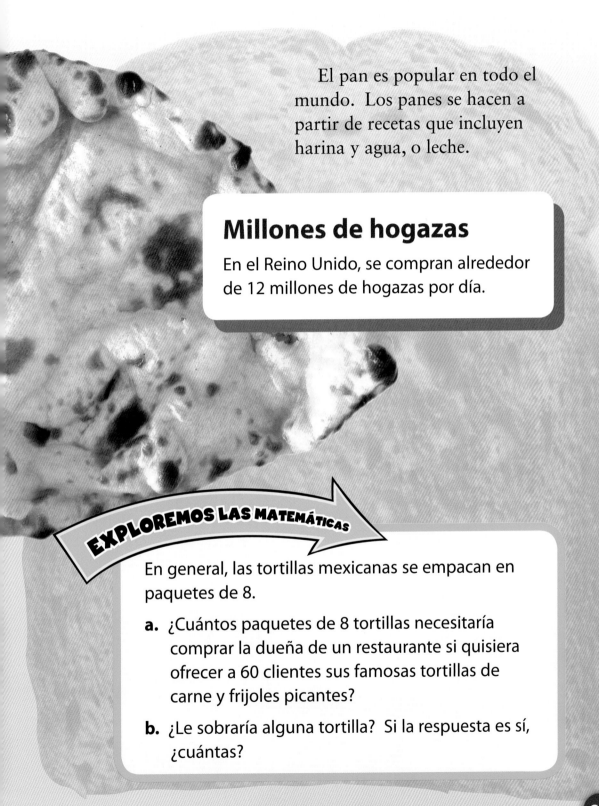

El pan es popular en todo el mundo. Los panes se hacen a partir de recetas que incluyen harina y agua, o leche.

Millones de hogazas

En el Reino Unido, se compran alrededor de 12 millones de hogazas por día.

EXPLOREMOS LAS MATEMÁTICAS

En general, las tortillas mexicanas se empacan en paquetes de 8.

a. ¿Cuántos paquetes de 8 tortillas necesitaría comprar la dueña de un restaurante si quisiera ofrecer a 60 clientes sus famosas tortillas de carne y frijoles picantes?

b. ¿Le sobraría alguna tortilla? Si la respuesta es sí, ¿cuántas?

La línea cronológica del pan

Las personas han horneado pan por más de 5,000 años. Demos un vistazo a la historia del pan a lo largo de los años.

3000 a. C.

Los antiguos egipcios hacían pan a partir de granos. En vez de dinero, se usaba pan para comprar cosas.

2000 a. C.

En la India, se cultivaban los granos. El pan se hacía a partir de granos.

1000 a. C.

En Roma, se hizo popular el pan hecho con levadura.

1200 d. C.

En Inglaterra, se redactaron leyes relacionadas con el precio del pan.

1666 d. C.

Es posible que el Gran Incendio de Londres haya sido provocado por un panadero.

El tiempo en años

Una década es un período de 10 años. Un siglo es un período de 100 años. Un siglo tiene 10 décadas.

1777

Se siembra trigo por primera vez en Estados Unidos.

década de 1850

Había cerca de 2,000 panaderías en Estados Unidos. Allí trabajaban más de 6,700 personas.

1928

Se exhibe por primera vez en Estados Unidos una máquina para rebanar pan.

2003

Este año, el estado de Texas produjo trigo suficiente para preparar 6,200 millones de hogazas de pan.

EXPLOREMOS LAS MATEMÁTICAS

Los antiguos egipcios hacían pan desde hace 3,000 años. Eso es igual a 30×100 años. Encuentra los números que faltan en la siguiente ecuación. Tendrás que multiplicar o dividir por 10 y por 100.

a. $3,000 \div$ ___ $= 30$

c. $52 \times$ ___ $= 520$

b. $20 \times 100 =$ ___

d. ___ $\div 10 = 100$

Contar pasteles

Ada prepara pastelitos para una venta de pasteles.
Su receta alcanza para 25 pastelitos por tanda.

¡Resuélvelo!

a. Si Ada quiere vender 150 pastelitos, ¿cuántas tandas deberá hacer?

b. Ada quiere vender los pastelitos en bandejas en las que caben 4 pastelitos. ¿Cuántas bandejas de pastelitos podrá vender? ¿Le sobrará algún pastelito?

c. Si Ada vende cada bandeja de pastelitos a $2.00, ¿cuánto dinero ganará?

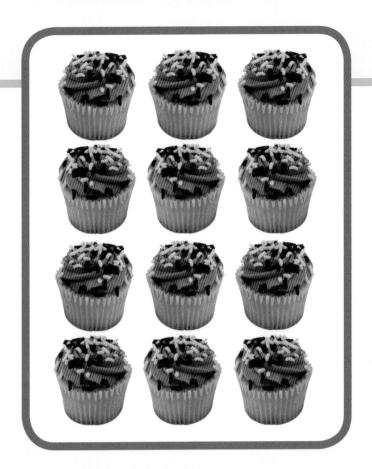

Usa los pasos a continuación para resolver los problemas.

Paso 1: Determina cuántas tandas de pastelitos deberá hacer Ada para obtener 150 pastelitos.

Paso 2: Determina cuántas bandejas de 4 pastelitos podrá vender Ada.

Paso 3: Determina si le sobra algún pastelito. Escribe la respuesta sobre los pastelitos restantes como una fracción.

Paso 4: Determina cuánto dinero ganará Ada si vende todas las bandejas de pastelitos.

Glosario

amasar: manipular la masa

cosecha: recolecta de los campos

división: una operación matemática en la que un número se agrupa en partes iguales

Edad Media: el período de la historia europea entre los años 500 y 1500 d. C.

esferas: figuras redondas tridimensionales

fanega: una medida de trigo

fibra: la parte de un alimento que el cuerpo no puede digerir

fracción: parte de un grupo, un número o todo un conjunto

ingredientes: componentes necesarios para una receta

integrales: alimentos hechos a base de harina integral

levadura: una sustancia que se usa para ayudar a que el pan leude mientras se cocina

medidas: unidades de tamaño o cantidad

moler: triturar

molinos: fábricas para triturar granos

multiplicación: una operación matemática en la que un número se suma a sí mismo varias veces

panaderías: tiendas en las que se hornea y vende pan

prisma: una figura tridimensional

receta: instrucciones para cocinar algo

Índice

Exploremos las matemáticas

Página 5:

a. 36 rebanadas   **b.** 480 rebanadas   **b.** 48 sándwiches   **d.** 79 sándwiches

Página 7:

a. $16 \times 3 = 48$ rebanadas. $48 - 8 =$ quedan 40 rebanadas   **b.** $14 \times 16 = 224$ rebanadas de pan

Página 9:

a. 420 costales   **b.** 770 costales

Página 11:

a. $12 \times \$0.05 = \$0.60$ **b.** $20 \times \$0.05 = \$1.00$ **c.** $45 \times \$0.05 = \$2.25$
d. $36 \times \$0.05 = \$1.80$

Página 16:

a. $\frac{1}{2} \times 16$ **b.** 8 tazas de harina   **c.** $\frac{1}{4} \times 24$ **d.** 6 tazas de agua

Página 20:

a. 11 tazas de harina para pan, 2 cucharadas de sal, 5 cucharadas de levadura de leudado rápido, 32 onzas de agua caliente, 2 cucharadas de aceite de oliva, 4 cucharadas de miel
b. 56

Página 23:

b. $(4 \times 3) + 1$ **c.** $(2 \times 5) + 3$
 $\quad 4 \times 3 = 12$ $\qquad\qquad\quad 2 \times 5 = 10$
 $\quad 12 + 1 = 13$ $\qquad\qquad\quad 10 + 3 = 13$

Página 25:

a. La dueña del restaurante necesita atender a 60 clientes.
 $\qquad 8 \times 8 = 64$
 Deberá comprar 8 paquetes de tortillas para alimentar a 60 personas.
b. Le sobrarán 4 tortillas.

Página 27:

a. $3,000 \div 100 = 30$ **b.** $20 \times 100 = 2,000$ **c.** $52 \times 10 = 520$
d. $1,000 \div 10 = 100$

Actividad de resolución de problemas

Paso 1: 150 pastelitos $\div$ 25 pastelitos por tanda = 6 tandas

Paso 2: 150 pastelitos $\div$ 4 pastelitos por bandeja = 37 bandejas y sobran 2 pastelitos

Paso 3:
$$
\begin{array}{r}
37\ R\ 2 \\
4\overline{)150} \\
-148 \\
\hline
2
\end{array}
\qquad \begin{array}{c} 2 \\ \overline{4} \end{array}
$$

$\qquad = 37 \frac{2}{4}$

Paso 4: $\$2.00 \times 37 = \$74.00$